Considerant

DU

TRAVAIL DES ENFANTS

DANS LES MANUFACTURES

ET

DANS LES ATELIERS DE LA PETITE INDUSTRIE

DU MÊME AUTEUR :

La Russie en 18.. ; souvenirs de voyage, Bruxelles, Schnée, 1857 ; 2 vol.

De l'Instruction gratuite et obligatoire ; Bruxelles, Schnée, 1858.

Introduction à l'Histoire de l'Europe pendant la Révolution française, de sir Archibald Alison. Bruxelles, Parent, 1859.

La colonne du Congrès, Bruxelles, Bruylant-Christophe, 1860.

Histoire de la Révolution du xvi⁰ siècle dans les Pays-Bas ; 2⁰ édition. Bruxelles, Schnée, 1861.

Un couronnement à Kœnigsberg ; Stuttgardt et Weimar ; souvenirs de voyage. Bruxelles, A. Lacroix, Verboeckhoven et Cⁱᵉ, 1862.

POUR PARAITRE INCESSAMMENT :

Précis d'un cours de belles lettres à l'usage des élèves de l'École militaire ; 1 vol. in-8° de 300 pages.

Bruxelles. — Typographie de A. Lacroix, Verboeckhoven et Cⁱᵉ, rue Royale, 3, impasse du Parc.

N. CONSIDERANT

DU TRAVAIL

DES

ENFANTS

DANS

LES MANUFACTURES

ET DANS

LES ATELIERS DE LA PETITE INDUSTRIE

BRUXELLES ET LEIPZIG

A. LACROIX, VERBOECKHOVEN ET Cie, IMPRIMEURS-ÉDITEURS

RUE ROYALE, 3, IMPASSE DU PARC

1863

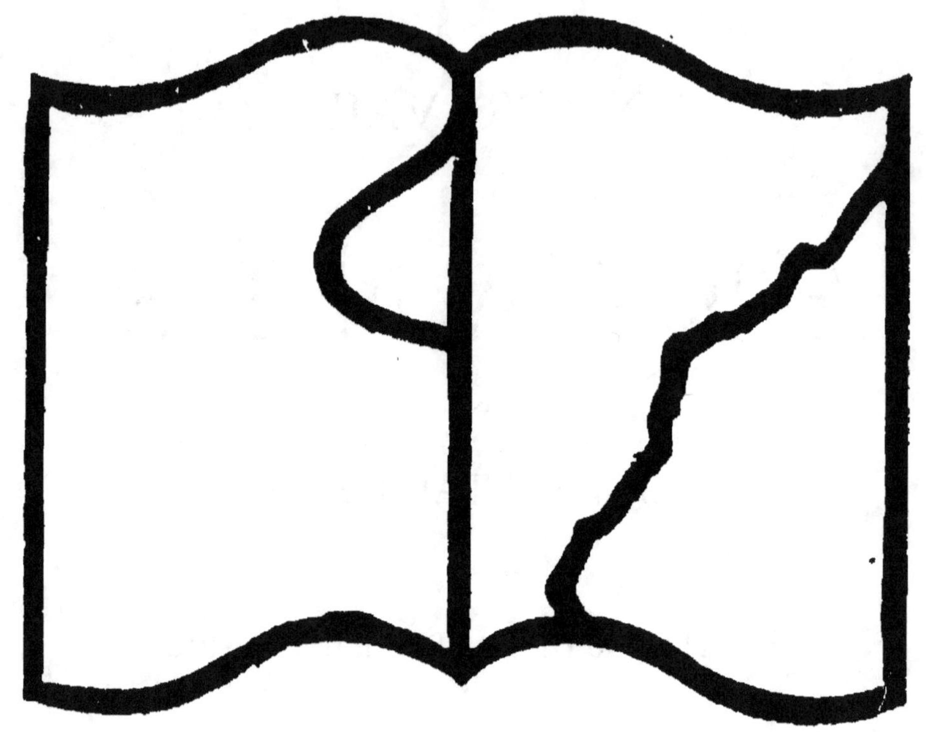

Texte détérioré — reliure défectueuse

NF Z 43-120-11

DU

TRAVAIL DES ENFANTS

DANS LES MANUFACTURES

ET

DANS LES ATELIERS DE LA PETITE INDUSTRIE

Il y a quelques années, nous avons consacré une étude spéciale et complète à une question qui depuis lors a fait son chemin, celle de l'instruction gratuite et obligatoire (1). Vivement débattue d'abord par ceux qui croyaient voir une double atteinte à la liberté des consciences et à l'autorité du père de famille, cette question n'en est plus une aujourd'hui, car il est évident pour tout homme de sens et de bonne foi que les consciences les plus timorées n'ont rien à craindre de la lecture, de l'écriture et des éléments du calcul, et que l'autorité dont le père de famille est investi ne se justifie, aux yeux de la loi et de la morale, que par l'intérêt de l'enfant et nullement par le sien propre. Le problème s'est donc trouvé réduit à deux termes très clairs et très catégoriques : y a-t-il intérêt d'une part pour l'enfant, de l'autre pour le corps social à ce que l'instruction soit généralisée et soit même, au besoin, imposée par la loi? Ainsi formulée, la

(1) *De l'Instruction gratuite et obligatoire*; Bruxelles, Aug. Schnée, 1858.

question était théoriquement résolue, et tous les sophismes dont se sont servis et se servent encore les adversaires de l'instruction gratuite et obligatoire n'empêcheront pas la solution pratique d'arriver à son heure.

Mais l'instruction, quand on veut en assurer les bienfaits aux classes laborieuses, soulève dans l'application des difficultés complexes avec lesquelles il faut compter tout d'abord. Dans l'organisation sociale actuelle, et tout fait prévoir qu'il en sera longtemps encore à peu près de même, l'enfant de l'ouvrier n'a pas le temps de devenir un homme; les nécessités de la famille l'attellent au travail avant que son intelligence et son corps aient achevé leur croissance normale, car avant tout il faut du pain. De cette loi, aussi triste qu'impérieuse, découlent inévitablement deux conséquences : l'instruction de nos jeunes travailleurs reste aussi défectueuse que leur éducation physique, et le corps social, au lieu de pouvoir disposer de bons éléments de production, ne trouve plus, dans les rangs de ce peuple où il doit se vivifier sans cesse, que des esprits incultes et des races étiolées.

Il est impossible que, témoin de ce fâcheux spectacle, le penseur ne s'ingénie pas à trouver les moyens d'en atténuer tout au moins la gravité. Pour lui, ce ne sera pas assez d'avoir fait prévaloir le principe en vertu duquel l'instruction élémentaire sera un jour le patrimoine de tous : il cherchera encore à assurer l'efficacité de son œuvre en disputant à la glèbe les fils de l'ouvrier, en les arrachant à ces travaux exagérés dont on surcharge leurs jeunes années. Et s'il ne lui est pas donné — ce qui, nous l'avouons à regret, nous paraît destiné à rester une utopie, — de porter radicalement remède à de criants abus, il en restreindra du moins le nombre, il en fera disparaître ce qu'ils ont d'odieux, il conciliera ainsi dans un juste accord les graves intérêts agités par une recherche semblable. C'est ainsi que la question du travail des enfants dans les manufactures se lie inti-

moment à celle de l'instruction gratuite et obligatoire, et
que l'on ne peut essayer de résoudre l'une sans être invinci-
blement conduit à aborder l'autre.

II

Avant tout, il faut déterminer les éléments qui se trouvent
en présence dans un problème comme celui-ci. Ils sont plus
compliqués que dans l'instruction gratuite et obligatoire, et
d'une nature différente. Ce n'est plus seulement entre l'enfant
et le père de famille qu'il s'agit de faire intervenir l'autorité
sociale : il y a ici un intérêt tout nouveau, celui de la production industrielle et manufacturière, qui touche de si près
à la prospérité générale, et dont on se refuserait vainement
à tenir compte en pareil cas. De quelle façon et dans quelles
limites pourra donc s'exercer l'intervention de la société
dans la réglementation du travail des enfants, voilà ce qu'il
importe de décider.

Nous avons eu l'occasion de le dire bien des fois, nous
sommes peu partisan en principe de l'intervention sociale,
toutes les fois que la nécessité n'en est pas absolument
démontrée. Même dans ce dernier cas, nous voulons qu'elle
se restreigne aux actes indispensables, et que, pour le reste,
elle laisse libre cours, même au prix de quelques abus, à
l'activité et à la responsabilité individuelles. Elle doit surtout se montrer circonspecte quand l'action qu'elle exerce
peut devenir préjudiciable à des intérêts légitimes : ce n'est
pas trop alors de la plus prudente réserve pour la faire
accepter, puisqu'elle devient arbitraire aussitôt qu'elle n'est
plus indispensable.

C'est, croyons-nous, un peu le cas dans la question qui
nous occupe, et il y a peut-être lieu de s'étonner que les
Anglais ne s'en soient pas aperçus, eux qui sont si scrupu-
leux pourtant quand il s'agit de l'immixtion de l'État dans la

vie de l'individu. Non pas que nous voulions contester le droit que la société a d'intervenir pour prévenir les abus résultant du travail prématuré des enfants, et pour empêcher que des populations entières soient rongées, décimées par la phthisie et le scrofule; mais nous nous défions, non sans raison, de la réglementation excessive, et nous tenons à établir dès le début que la position n'est pas la même qu'en matière d'instruction. Là, la société, en créant une obligation positive, stipule au profit de tous et d'elle-même; ici, en formulant des restrictions et des défenses, elle s'expose, si elle franchit les limites de la stricte nécessité, à léser au profit des uns les intérêts des autres et les siens propres. Nous le démontrerons aisément plus tard.

Il est un fait avec lequel il faut se résigner à compter, quelque pénible qu'il puisse paraître : c'est que l'industrie, telle qu'elle est constituée de nos jours, ne peut pas se passer du travail des enfants. Il y a là une nécessité à laquelle il faut pourvoir; sans parler des considérations de salaire, qui nous touchent peu, bien qu'elles exercent une notable influence sur les prix de revient et sur les conditions de la concurrence, il y a, dans l'état actuel de la division du travail, des besognes auxquelles les enfants seuls sont aptes, parce qu'eux seuls possèdent la dextérité, l'agilité dont il faut être doué pour les accomplir, et aussi parce que la rémunération qui peut y être justement attribuée ne serait pas suffisante pour des hommes faits. L'industrie n'est donc pas libre de faire ou de ne faire pas appel au travail des enfants : c'est un concours qui lui est imposé, à moins qu'on ne la condamne à une infériorité patente et qu'on ne porte ainsi atteinte au développement régulier auquel elle a droit. Ce fait, reconnu exact, entraîne la conséquence que voici : l'État, en prenant toutes les mesures qu'il croit nécessaires à la protection des jeunes travailleurs, doit pourtant les combiner de façon à ce que cette protection ne se transforme pas pour d'autres en préjudice.

D'un autre côté, on se dissimulerait inutilement l'intérêt trop réel qui pousse, dans la classe ouvrière, les pères de famille à envoyer très tôt leurs enfants à l'atelier. La santé est un bien précieux sans doute, mais la vie l'est encore davantage, et qui pourrait contester que le gain de l'enfant, si minime qu'il soit, est souvent une ressource indispensable dans le ménage du pauvre? N'oublions pas que si la société peut donner gratuitement le pain de la science à ses membres, il lui est impossible de combler le vide qui sera fait dans l'escarcelle de l'ouvrier par la suppression du travail et, par suite, du salaire de l'enfant. Gardons-nous donc d'une assimilation de tous points inexacte, et, pour atteindre un mieux idéal, ne nous exposons pas à créer des maux plus grands encore que ceux auxquels nous voulons porter remède.

III

En face de l'industrie qui le réclame, de la famille qui a besoin de son secours, l'enfant du travailleur se trouve placé dans une position qui provoque un triste intérêt, parce qu'elle n'a pas d'autre issue pour lui que le sacrifice. Une protection éclairée et prudente contiendrait peut-être la double force qui pèse sur lui. Mais à qui demander cette protection, si ce n'est à la loi? La loi est muette, et l'enfant passe devant le seuil de l'école pour franchir celui de l'atelier.

Que devient-il alors? Un écrivain compétent va nous l'apprendre. « Possédant déjà en naissant le germe des « affections de ceux qui lui ont donné le jour, il est ainsi « voué d'avance à un grand nombre de maladies qui se déve- « loppent bientôt sous l'influence de diverses causes mor-

« bides. Lorsqu'il a atteint l'âge de huit à dix ans, la
« fabrique ou l'atelier s'empare de lui, et nuit à son déve-
« loppement physique. Il reste enfermé pendant dix ou
« douze heures dans ces lieux peu salubres, obligé de
« prendre une position souvent défavorable à l'accroisse-
« ment des organes. Il faut ajouter encore que la nourri-
« ture, trop peu substantielle, n'est point en rapport avec la
« nature des travaux auxquels il est employé, et que les
« funestes habitudes qu'il contracte de bonne heure con-
« courent puissamment à altérer sa constitution et à déve-
« lopper le scrofule, le rachitisme, la phthisie, etc., qui
« causent les plus affreux ravages dans la famille de l'ou-
« vrier (1). »

On est navré et en même temps effrayé en contemplant le
tableau que tracent les hommes de science des déplorables
effets du travail prématuré des enfants. La croissance
arrêtée, les infirmités multipliées, le dépérissement général
du corps, la vie épuisée en ses sources, tels sont les traits
généraux qu'ils nous présentent. « Examinez l'enfant des
« fabriques, » disait, en 1846, le rapporteur de la commission de l'Académie royale de médecine, « vous lui trouverez
« l'organisation peu développée en proportion de son âge ;
« il est chétif et comme étiolé ; il présente tous les signes
« d'un état de dégradation physique, caractérisée par des
« symboles de chlorose avec dispositions aux scrofules et
« au rachitisme. La face, pâle et maigre, exprime un air
« de souffrance ; sa croissance est lente, souvent interrom-
« pue ou stationnaire, et sa taille définitive reste toujours
« au dessous des limites normales. Arrivé à l'âge de puberté,
« le jeune homme ressent plus que jamais les conséquences
« des conditions nuisibles inhérentes à sa profession. La
« poitrine et le bassin se développent irrégulièrement et

____

(1) *Rapport de la commission médicale locale de Bruxelles*, 20 juin 1846.

« restent étroits; les viscères contenus dans les cavités sont
« disposés aux maladies les plus graves, la pneumonie, la
« pleurésie, les tubercules des poumons, etc. Chez les
« jeunes filles pubères, les organes générateurs subissent à
« leur tour les tristes effets de ce degré de dégradation phy-
« sique. Quoique âgées de dix-huit à vingt-quatre ans, la
« faiblesse de leur constitution les rend incapables de deve-
« nir mères de famille, triste garantie de l'état de désordre
« dans lequel elles vivent le plus souvent! »

A cette dégradation du corps correspond une dégradation
égale de l'intelligence, et il est pénible de devoir dire que
l'une explique, excuse presque l'autre. Comment exiger, en
effet, de pauvres enfants qui ont travaillé toute la journée
un degré d'assiduité quelconque à des leçons du soir, en sup-
posant qu'on en organisât pour eux? L'école du dimanche
elle-même, excellente pour les adultes dans l'esprit desquels
elle entretient et développe les connaissances reçues dès
l'enfance, est absolument insuffisante pour ceux qu'il s'agit
d'initier aux premières notions scientifiques. Aussi, lorsqu'en 1846 le gouvernement belge ouvrit une enquête sur la
condition de la classe ouvrière et sur les mesures à prendre
pour organiser le travail des enfants, le résultat de ses
recherches, confirmées par l'opinion unanime des industriels et des chambres de commerce, fut que l'instruction
des travailleurs enfants, de même que celle des ouvriers
adultes, était très négligée *et même à peu près nulle dans la
plupart des localités.* Des statistiques, malheureusement
incomplètes, établirent alors que sur quatorze mille trois
cent treize ouvriers appartenant aux diverses provinces du
royaume, neuf mille deux cent soixante-quatorze, dont
quatre mille trois cent quatre-vingt-douze au dessous de
seize ans, ne savaient ni lire, ni écrire. Sur le reste, quatorze cent soixante-huit seulement savaient bien lire, écrire,
et calculer; les autres ne possédaient que des connaissances

imparfaites. Un dernier fait, plus désolant encore, complétera ceux-ci : la chambre de commerce de Bruxelles, se conformant aux intentions du gouvernement, voulut se renseigner sur le degré d'instruction de la classe des dentellières, dont le nombre, dans son ressort, s'élève à trois ou quatre mille. « Qui le croirait? dit-elle dans son rapport, le nombre de celles qui savent lire et écrire est si restreint, qu'on n'a pas pu nous indiquer la moindre proportion! » On frémit à sonder ces abîmes de l'ignorance.

A qui objecterait que ces faits et ces observations datent de 1846, nous répondrions que l'état des choses ne s'est guère modifié depuis lors, et nous le prouverions par les lignes suivantes, que nous avons déjà citées dans une autre étude. Au 31 décembre 1850, la population de la Belgique se composait de 4,446,202 âmes. En déduisant de ce nombre 615,371 enfants âgés de moins de 7 ans, trop jeunes pour fréquenter les écoles, il resterait 3,810,831 Belges en état d'être instruits. Sur ce nombre, il s'en trouvait 1,610,394 totalement privés d'instruction, ne sachant ni lire, ni écrire, ni calculer. A ce premier groupe s'en joint un second, composé de 316,490 personnes, sachant lire seulement; puis un troisième, de 893,677, sachant lire et écrire; enfin vient un quatrième groupe, composé de 990,270 personnes qui possèdent les trois premières notions de l'enseignement primaire : c'est à dire que, sur quatre Belges en état d'être instruits, il y en a un qui sait lire, écrire et calculer.

En dépit des sacrifices faits depuis douze ans pour la propagation de l'instruction primaire, c'est encore sur ces bases qu'il faut établir, à bien peu de chose près, la statistique de l'intelligence chez nos travailleurs. La cause en est toute simple : c'est que les causes qui les vouent à l'ignorance sont restées les mêmes.

IV

Hâtons-nous de le dire toutefois, pour que l'on ne se méprenne pas sur le but que nous voulons atteindre, la triste situation des enfants des fabriques est loin d'être uniquement le fruit de leur entrée hâtive à l'atelier et des travaux qu'ils y accomplissent. Une bonne part de la responsabilité en doit être attribuée à la misère, à l'ignorance, à l'insouciance, à l'inconduite, à l'intempérance, à la dépravation des parents; la chose est trop évidente pour avoir besoin d'être démontrée. Les causes du mal étant complexes, il s'ensuit que le remède doit l'être aussi, et que ce serait faire fausse route que de le demander exclusivement à la loi par laquelle on organisera et l'on protégera le travail des enfants. Seule, cette loi serait insuffisante, quelque sévère qu'elle fût; elle ne vaudra que si elle est secondée par la réforme morale de la classe ouvrière. Rendre l'ouvrier plus intelligent, c'est à dire meilleur, lui inspirer le goût de l'épargne et la lui rendre possible en le déshabituant de l'ivresse, assainir son habitation et élever du même coup ses idées en lui permettant de voir un bout de ciel du coin de son foyer, lui faire sa part de droits et de responsabilité sociale, c'est améliorer, et de la façon la plus efficace, la condition de ses enfants. Nés de parents sobres, intelligents, laborieux, économes, ceux-ci auront bien moins à craindre de l'atmosphère et des fatigues de l'atelier; la surveillance du législateur et l'humanité des chefs d'industrie feront le reste.

Ajoutons que, depuis un quart de siècle, des progrès, dont la bienfaisante influence se répand chaque jour davantage, ont introduit d'heureuses modifications dans le sort des jeunes travailleurs. A cet égard, il y a une différence considérable entre la situation d'aujourd'hui et celle de 1840;

ainsi, pour ne parler que d'une seule industrie, celle de la houille, le nombre des *hiercheurs*, — on appelle ainsi les enfants chargés de traîner, souvent en s'aidant des pieds et des mains, les chariots de charbon dans la *taille* — tend à diminuer de plus en plus. Des chemins de fer ont été établis dans les galeries pour y faciliter la traction, et dans certaines houillères du pays de Liége, on n'emploie même plus à cette besogne que de petits chevaux ardennais. Dans nos usines et nos manufactures, la substitution de plus en plus complète des machines au travail des bras a singulièrement allégé la tâche des enfants en même temps que celle des adultes, et, sous ce rapport, le progrès est loin d'avoir dit son dernier mot.

On peut donc espérer qu'un temps viendra, et tout porte à croire qu'il est proche, où le perfectionnement des moyens de travail entrera pour beaucoup dans l'amélioration du sort de l'enfant et de l'ouvrier. La grande industrie sera évidemment la première à s'engager dans cette voie, et l'on peut dire dès aujourd'hui que les travailleurs de nos grands établissements manufacturiers ou autres se trouvent placés dans des conditions bien autrement favorables que les ouvriers de la petite industrie. Par malheur, ce sont précisément ces derniers, nous le montrerons plus tard, que le législateur est le plus impuissant à protéger. Pour le moment, il nous suffit d'avoir indiqué le mal et d'en avoir fait connaître les causes; nous allons voir maintenant comment, dans d'autres pays, on a essayé de le guérir.

V

L'Angleterre fut la première à rechercher les moyens de réprimer les abus causés par le travail prématuré des enfants. Cela devait être : précédant tous les autres peuples dans la voie du progrès industriel, il était naturel qu'elle en connût, la première aussi, tous les inconvénients, et qu'elle s'efforçât de les faire disparaître. Toutefois, il est bon de faire dès le début une remarque qui ne sera pas inutile à ceux qui croiraient devoir puiser dans la législation anglaise des inspirations pour la réforme à introduire dans notre pays : c'est qu'elle date d'une époque où le régime protecteur était dans toute sa force et qu'elle s'est proposé de remédier à des maux bien autrement graves que ceux constatés chez nous.

Ce fut en 1802, sous le règne de Georges III, que fut voté chez nos voisins d'outre-Manche le premier acte législatif concernant le travail des enfants. Il avait pour but principal de garantir la santé et la moralité des apprentis et des autres jeunes ouvriers employés dans les filatures de coton et de laine. On n'y trouve pas de disposition réglant l'âge d'admission dans la manufacture, mais la durée du travail quotidien y est fixée à douze heures au plus pour l'apprenti, qui ne peut, en outre, être occupé entre neuf heures du soir et six heures du matin. Les autres dispositions principales de l'acte du 22 juin 1802 sont relatives à la ventilation des ateliers, au logement et à l'instruction religieuse des apprentis, et enfin aux inspections trimestrielles des juges de paix dans les fabriques.

L'acte de 1802, surtout en ce qui concernait la clause de l'inspection, sanction unique des autres dispositions de la loi, resta, paraît-il, une lettre morte. Les abus persistant et devenant même plus intenses, le parlement crut, en 1818, devoir s'occuper à nouveau de la question. Par l'initiative de sir Robert Peel, ce grand homme d'État qui devait s'illustrer plus tard par tant d'autres réformes, un bill fut voté qui défendit d'occuper les enfants avant l'âge de neuf ans dans les filatures de coton et de laine, et de prolonger leurs travaux au delà de douze heures avant qu'ils n'eussent atteint leur seizième année. Ce bill fut confirmé et modifié en quelques points de détail par l'acte du 22 juin 1825, promulgué sous le règne de Georges IV. En 1831, une nouvelle réforme, proposée par sir John Hobhouse, interdit le travail de nuit jusqu'à l'âge de dix-huit ans et prolongea jusqu'à cet âge la limite de douze heures pour le travail quotidien.

La fréquence de ces actes législatifs prouvait leur inanité; en dépit de stipulations pénales faites, semblait-il, pour rester inappliquées, le mal ne fit que s'accroître, et des plaintes continuèrent à surgir de toutes parts. Elles déterminèrent en 1832 la chambre des communes à nommer une commission pour se rendre compte de l'état des choses et proposer les mesures à prendre. L'acte du 29 août 1833 fut le résultat des travaux de cette commission; comme il est, à part quelques modifications adoptées en 1844 et en 1847, la base de la législation anglaise sur le travail des enfants, nous allons en résumer les dispositions principales.

Il importe de remarquer tout d'abord que l'acte de 1833 n'accorde son influence protectrice qu'aux enfants et aux adolescents employés « dans les fabriques de coton, de drap, « de laine, de chanvre, d'étoupe, de toile ou de soie du « Royaume-Uni. » Il ne stipule donc que pour les industries textiles, à l'exclusion de toutes les autres, où il laisse les enfants sans aucune espèce de protection. L'art. 1er de la loi va même plus loin encore; voici textuellement comment il s'exprime : « Bien entendu que les dispositions de cet acte « ne doivent pas être étendues aux apprentis et autres per- « sonnes employées aux diverses manipulations telles que « le foulage, le dégraissage ou le débouillissage des laines, « ni au travail des jeunes gens occupés à l'emballage et aux « autres travaux *qui ne concernent pas spécialement la fabri-* « *cation.* » Remarquons encore en passant que la loi ne s'occupe que de la grande industrie, et que la petite industrie, celle précisément où se commettent le plus d'abus, échappe tout à fait à ses dispositions restrictives.

Quoi qu'il en soit, aux termes de l'acte de 1833, les enfants placés dans les catégories qu'il précise ne peuvent, avant dix-huit ans, ni travailler la nuit, ni être occupés plus de douze heures par jour. De neuf à treize ans, le travail quotidien ne peut dépasser neuf heures, et les enfants sont tenus de fréquenter les écoles dans l'intervalle de leurs occupations. La loi crée ensuite tout un état-major d'inspecteurs et de sous-inspecteurs, munis de pleins pouvoirs pour entrer dans les manufactures et y exercer un contrôle minutieux, et elle exige, à l'entrée de la manufacture, la production d'un certificat médical constatant l'âge et les aptitudes physiques des enfants. En 1844, un bill, adopté le 6 juin, autorisa les inspecteurs à désigner les chirurgiens aptes à délivrer les certificats d'admission dans les manufactures et à constater l'âge des enfants qui y sont employés. La durée du travail des enfants, de *huit* à treize ans accomplis, fut définitivement réduite à six heures et demie par jour, sauf dans certains cas exceptionnels prévus par la loi. L'acte du 8 juin 1847 modifia encore cet état de choses en limitant le travail des adolescents âgés de treize à dix-huit ans et celui des femmes de tout âge à dix heures par jour et cinquante-huit heures par semaine; enfin, un dernier bill, daté du 5 août 1850, décida que les femmes et les enfants ne peuvent être employés dans les manufactures ni avant six heures du matin, ni après six heures du soir, ni le samedi après deux heures de relevée. L'acte porte, en outre, que le temps perdu par suite de chômage ne peut être regagné après sept heures du soir, et que l'augmentation de travail ne peut excéder une heure par jour.

Ajoutons, en terminant cet exposé, qu'une loi spéciale a été votée le 10 août 1842 en faveur des femmes et des enfants employés dans les mines du Royaume-Uni. Cette loi défend aux propriétaires et aux exploitants de mines d'employer des femmes ou des jeunes filles dans leurs exploitations. Les jeunes garçons ne peuvent y être occupés avant leur dixième année révolue, mais aucune limitation de temps n'est, passé ce délai, imposée à leur travail.

VI

Si nous avons réussi à être clair dans l'exposé qui précède, on aura vu que la législation anglaise se distingue par deux ou trois points caractéristiques sur lesquels il est nécessaire d'insister.

D'abord, elle n'accorde aux enfants qu'une protection incomplète, puisqu'elle ne s'étend point à tous les genres d'industrie.

Ensuite, elle n'atteint que les abus commis dans la grande industrie, laissant la petite complétement à l'écart et comme abandonnée à elle-même.

Enfin, elle a besoin, pour ne pas être une lettre morte, d'un personnel d'inspection qui est à la fois une charge pour l'État et une vexation pour l'industriel, restreint ainsi dans sa liberté et continuellement atteint dans l'inviolabilité de son domicile. Nous passerions aisément sur ce grief s'il était démontré qu'il est impossible d'obtenir autrement le résultat qu'on se propose, mais nous espérons réussir à prouver le contraire dans la suite de cette étude.

Quant au premier des points que nous venons d'indiquer, on comprend fort bien que l'importance de la production anglaise dans les manufactures de soie, de laine et de coton ait tout d'abord attiré l'attention sur les établissements où cette production s'élabore; mais il n'est pas moins vrai de dire qu'il y a là une lacune étrange dans la loi. Les enfants qui travaillent dans les verreries, dans les papeteries, dans les fabriques de tabac, de céruse, de sucre de betterave, etc., méritent assurément la protection du législateur au même titre que les jeunes ouvriers des manufactures. Cette observation s'applique également, et peut-être encore avec plus de force, à ce que nous avons dit de l'absence de toute garantie, dans la loi anglaise, contre les abus qui peuvent se commettre dans la petite industrie, car ces abus y sont bien plus réels, bien plus criants que partout ailleurs. En effet, comme on l'a fait remarquer avec beaucoup de sagacité, les grands établissements sont presque toujours ceux où la santé et le bien-être des ouvriers sont le plus surveillés; dans les petits ateliers, au contraire, les enfants sont presque toujours l'objet d'une exploitation beaucoup plus rigoureuse, sans parler des conditions hygiéniques dans lesquelles ils se trouvent placés et qui sont toutes au désavantage de la petite industrie.

Les membres de la commission anglaise chargée de l'enquête de 1832, ont franchement reconnu eux-mêmes la justesse de cette critique; mais ils ont été retenus par la crainte de porter atteinte à la liberté de l'industrie et aux droits des parents en s'immisçant dans le régime intérieur des petits ateliers. « La fréquentation journalière des fabri- « ques, disent-ils pour se justifier, a lieu avec une régularité « qui approche de la discipline militaire. Ces réunions nom- « breuses sont donc, de leur nature, susceptibles d'être « soumises à des règles qui, malgré les graves motifs que « l'on alléguerait à cet effet, ne pourraient être étendues « aux enfants employés dans d'autres branches d'industrie, « sans exiger une augmentation de surveillance et de dé- « pense, sans une intervention active de la police dans les « ateliers particuliers, qui aurait quelque chose d'arbitraire « et de vexatoire, et qui soulèverait bien certainement de « nombreuses réclamations. » L'aveu complet des imperfec- tions de la loi se trouve dans ces quelques lignes : en effet, si l'intervention de l'autorité est arbitraire et vexatoire vis-à-vis des ateliers particuliers, elle ne l'est pas moins à l'égard des grandes manufactures, et c'est une injustice de plus que d'invoquer, pour couvrir cette inégalité, la facilité que l'on a de soumettre les dernières à un régime d'inspection dont l'application aux autres entraînerait de grandes dépenses.

En somme, et sans parler de la limitation des heures de travail sur laquelle nous aurons à revenir dans la dernière partie de cette étude, la loi anglaise, de son propre aveu, porte atteinte à la liberté de l'industrie et crée des inégalités que rien ne peut justifier. Si, comme on vient de le voir par la citation que nous avons empruntée au rapport des commissaires anglais, cet état de choses était déjà avoué il y a trente ans, sous le règne de la protection industrielle, combien n'est-il pas plus fâcheux aujourd'hui que la protection a fait place au régime de la liberté?

Il faut, du reste, le dire, et nous avons pris ce soin en commençant : à l'époque où l'Angleterre a organisé sa législation sur le travail des enfants, elle avait à lutter contre des abus que nous n'avons heureusement jamais connus dans nos contrées. L'enquête qui a eu pour conséquence le bill du 10 août 1842 sur le travail des mines a révélé que, dans le Derbyshire et dans la principauté de Galles, des enfants de quatre ou cinq ans étaient souvent employés à remplir, au fond des mines de houille, les fonctions de *trappers*. Ces pauvres petits êtres, dont la tâche, consistant à ouvrir et à fermer les portes des galeries sur lesquelles repose l'aérage de la mine, commençait à deux heures du matin, restaient ainsi douze heures de suite dans l'isolement le plus complet, isolement rendu plus horrible encore par l'immobilité et par la nuit. Dans l'est de l'Écosse, les enfants commençaient à extraire le charbon à douze ans, et dans la principauté de Galles, à sept; battus et à peine nourris par les ouvriers au service desquels ils s'engageaient comme apprentis, ils traînaient, jusqu'à l'âge de la majorité, l'existence la plus misérable. La condition des femmes et des filles employées aux travaux des mines était plus déplorable encore : elle était au dessous de celle des bêtes de somme. Quand la grande industrie se trouvait dans cet état barbare, on comprend que la loi se soit armée contre elle de salutaires rigueurs; mais, nous le répétons avec une satisfaction légitime, ce sont là des éventualités dont le législateur n'a jamais eu et n'aura jamais chez nous lieu de s'occuper.

VII

La loi française sur la matière qui nous occupe date du 22 mars 1841. On voit, en l'étudiant, que ses auteurs ont profité de l'expérience de l'Angleterre, et que l'on s'y est efforcé d'éviter quelques-uns des inconvénients signalés dans l'examen qui précède. Au lieu d'une loi spéciale ne concernant que des établissements industriels appartenant à des catégories déterminées et restreintes, les législateurs français voulurent que leur œuvre s'appliquât d'abord à toutes les manufactures, usines et ateliers à moteurs mécaniques ou à feu continu, puis à toute fabrique occupant plus de vingt ouvriers réunis en atelier. Cette-généralisation des prescriptions légales partait évidemment d'un principe plus juste que celui de la législation anglaise; mais elle était bien loin encore d'atteindre le but que l'on se proposait. En effet, le chiffre arbitraire de vingt ouvriers inscrit dans la loi la rend inapplicable à toute la petite industrie, car c'est déjà un établissement d'une certaine importance que celui qui occupe dix-neuf ouvriers. Or, c'est dans la petite industrie, nous l'avons dit, que les abus sont les plus nombreux et les plus graves : malgré ses excellentes intentions, la loi française laissait donc encore subsister le mal dans presque toute son étendue.

L'âge d'admission des enfants et la durée du travail quotidien font l'objet de l'article 2 de la loi de 1841. Pour être admis dans l'atelier, les enfants doivent avoir huit ans au moins; de huit à douze, ils né peuvent être employés au travail effectif plus de huit heures sur vingt-quatre, divisées par un repos; de douze à seize, le travail effectif ne peut dépasser douze heures. Le travail de nuit, entre neuf heures du soir et cinq heures du matin, est interdit pour les enfants au dessous de treize ans; toutefois il est toléré si les conséquences du chômage d'un moteur hydraulique ou des réparations urgentes l'exigent, ou bien encore s'il est reconnu indispensable dans les établissements à feu continu dont la marche ne peut être suspendue pendant le cours de vingt-quatre heures.

L'interdiction du travail le dimanche et les jours de fêtes est stipulée pour les enfants au dessous de seize ans. Tout enfant de moins de douze ans doit, pour être admis à l'atelier, justifier qu'il fréquente une des écoles publiques ou privées existant dans la localité. Les enfants doivent être pourvus d'un livret; les chefs d'établissement, d'un registre d'inscription contenant toutes les indications d'état civil relatives aux jeunes travailleurs. La loi délègue à des règlements d'administration publique le soin d'élever, s'il y a lieu, le *minimum* de l'âge et de réduire la durée du travail, de déterminer les fabriques où, pour cause d'insalubrité, les enfants au dessous de seize ans ne pourront être employés, de pourvoir aux mesures d'exécution de la loi elle-même, d'empêcher les mauvais traitements à l'égard des enfants, d'assurer le maintien des bonnes mœurs dans les manufactures, etc. Enfin, l'article 10 de la loi institue un régime d'inspection gratuite, et confère aux inspecteurs le droit de se faire représenter dans leurs visites les registres, les règlements, les livrets et les enfants eux-mêmes, et, le cas échéant, de dresser procès-verbal.

Faite dans un excellent esprit et témoignant dans toutes ses dispositions un intérêt profond pour ceux à qui elle devait servir de sauvegarde, la loi de 1841 fut loin de répondre à ce que l'on en avait attendu. Dans la plupart des départements, on ne parvint à l'appliquer que d'une manière très incomplète; le ministre de l'agriculture et du commerce le reconnut lui-même dans un rapport adressé au Roi en juillet 1845, et dans lequel, tout en signalant les incontestables mérites de la loi, il ne put citer que vingt-trois départements où elle fût exécutée, « soit complétement, soit dans des conditions de plus en plus régulières. » Deux ans auparavant, un homme dont le nom occupe un rang distingué dans l'étude de la science sociale, M. Ducpetiaux, constata, dans un rapport fait au ministre « que la loi de 1841 était malheureusement frappée d'impuissance. » Dans le département du Nord, ajoutait-il, elle n'a reçu qu'un commencement d'exécution. Puis, rendant compte du résultat de ses investigations près des principaux manufacturiers de la contrée, il disait : « J'ai rencontré chez presque tous des opinions divergentes : les uns repoussent la loi d'une manière absolue et systématique; les autres ne l'admettent qu'avec certaines restrictions; d'autres enfin, et c'est le plus grand nombre, tout en reconnaissant que les enfants avaient besoin de protection, sont d'avis que la loi n'atteint pas et ne pouvait atteindre le but que s'était proposé le législateur. »

Au nombre des causes de l'insuccès de la loi de 1841, M. Ducpetiaux signalait avec raison, comme l'une de ses imperfections les plus flagrantes, le système d'inspection honorifique et volontaire. A côté de ce premier défaut, il rangeait « ceux qui résultent de l'inégalité dans la protection, de l'arbitraire dans la fixation des limites du travail, de l'absence de mesures complémentaires et suffisantes pour utiliser les loisirs des jeunes ouvriers. » Et tels étaient bien, en effet, les côtés faibles de la loi de 1841; mais eût-il été possible au législateur, quelque sagesse qu'il y apportât, d'éviter tous ces écueils, et n'y aura-t-il pas toujours quelque chose d'arbitraire dans l'accord à établir entre des intérêts si distincts et si opposés? Mais n'anticipons point sur cette partie de notre tâche.

Malgré les efforts consciencieux de l'administration centrale, il devint bientôt évident pour tout le monde que la loi de 1841 devait être révisée. Convaincu de cette nécessité, le gouvernement français transmit à la chambre des pairs, au commencement de 1847, un nouveau projet de loi qui fut renvoyé à l'examen d'une commission dont M. le baron Ch. Dupin fut nommé rapporteur. Dans ce projet, le gouvernement proposait résolûment d'appliquer les dispositions de la loi de 1841 aux enfants travaillant dans *toutes* les manufactures, fabriques, usines et ateliers. Cette large extension du principe protecteur de l'enfance effraya quelque peu la commission de la chambre des pairs, qui proposa d'en restreindre l'application aux manufactures et ateliers occupant au moins dix personnes de tout âge et de tout sexe, ou cinq personnes, enfants, adolescents et femmes. Mais, à la suite d'un long et remarquable débat, la Chambre, dans la séance du 16 février 1848, adopta le principe tel qu'il avait été formulé par le gouvernement. La révolution du 24 février vint faire avorter dans son germe cette utile réforme.

Nous ne citons ici que pour mémoire la loi du 9 septembre 1848, qui réglementa le travail des adultes, et qui limita à douze heures par jour le travail de l'ouvrier, en conférant au gouvernement le droit de stipuler des exceptions; et le décret du 17 mai 1851, qui a largement usé de ce droit en soustrayant aux prescriptions légales un très grand nombre d'usines, sans parler des cas de force majeure, nettoiement de machines, etc. Si nous en parlons, c'est uniquement pour montrer une fois de plus la situation difficile dans laquelle le législateur se trouve placé lorsqu'il veut réglementer l'industrie, situation qui l'oblige le plus souvent à donner lui-même l'exemple de la dérogation aux règles qu'il proclame.

VIII

En Prusse, la loi du 9 mars 1839 a établi une corrélation intime entre l'instruction obligatoire et le travail des enfants dans les manufactures. Là, tous les parents sont tenus d'envoyer leurs enfants dans une école, ou de leur faire donner l'instruction en particulier, sous les garanties posées par la loi. A l'âge de neuf ans accomplis, l'enfant qui a fréquenté l'école pendant trois ans peut être admis au travail dans les fabriques, mais il continue à être tenu d'assister, quatre fois par semaine, aux écoles du soir instituées pour les jeunes ouvriers. Jusqu'à seize ans accomplis, la durée du travail quotidien ne peut excéder dix heures; toutefois, l'autorité locale peut autoriser, en cas de force majeure ou d'accidents ayant occasionné un surcroît de travail, des prolongations temporaires qui ne peuvent dépasser une heure par jour, ni s'étendre au delà d'un mois.

L'article 5 de la loi interdit le travail de nuit et celui des dimanches et des fêtes aux enfants âgés de moins de seize ans accomplis. Le soin de l'exécution de la loi et les inspections sont confiés aux bourgmestres et aux commissaires de police. Ils sont tenus de visiter fréquemment et à l'improviste les fabriques, d'y contrôler les listes des enfants occupés; ils constatent la durée du travail et la stricte observation des prescriptions légales. Des pénalités pécuniaires assez élevées servent de sanction à ces mesures.

Comme on le voit, le système prussien, qui paraît fonctionner d'ailleurs avec beaucoup de régularité, et à la satisfaction mutuelle des enfants, des familles et des industriels eux-mêmes, diffère sensiblement en plusieurs points des systèmes qui ont prévalu en France et en Angleterre. En premier lieu, il assure le développement intellectuel de l'enfant, qui ne peut entrer à l'atelier qu'après avoir fait dans l'école un stage de plusieurs années. Ensuite, il simplifie considérablement le régime de l'inspection, une des grosses difficultés contre lesquelles sont toujours venus se heurter ceux qui ont voulu réglementer le travail des enfants dans les manufactures. Faite, d'un côté, par les instituteurs, qui sont obligés de tenir un registre d'école; de l'autre, par les bourgmestres et les commissaires de police pour qui, nous le reconnaissons cependant, elle est une lourde charge, l'inspection en Prusse a l'avantage de n'être ni onéreuse pour l'État, dispensé de créer un coûteux état-major, ni vexatoire pour les industriels, qui voient avec une profonde répugnance pénétrer dans leurs ateliers des inspecteurs souvent choisis, comme cela s'est vu et se voit sans doute encore en France, parmi leurs propres concurrents.

En reconnaissant sous ce rapport les mérites de la loi prussienne, il est juste de faire remarquer en même temps qu'à d'autres points de vue, elle tombe sous le coup des reproches adressés par M. Ducpetiaux à la loi française de 1841. Il est incontestable, par exemple, que la limitation des âges d'admission et des heures de travail est entachée d'arbitraire au même degré, et l'on peut même ajouter qu'en fixant à dix heures la durée quotidienne du travail des enfants de neuf à douze ans, il semble que l'on ait exagéré la tâche imposée à leurs forces. Quand un enfant de cet âge a travaillé pendant dix heures, il paraît bien difficile d'exiger de lui une attention soutenue et fructueuse aux enseignements de l'école du soir. Disons encore que, le travail des enfants devant, dans la plupart des ateliers, se combiner avec celui des adultes, dix heures constituent une mauvaise division du temps, et que cette interruption tout à fait irrégulière de la journée peut occasionner, soit au fabricant, soit à l'ouvrier, de notables dommages.

L'Autriche, le grand-duché de Bade, la Bavière, l'État de Massachusetts ont aussi leur législation sur le travail des enfants. En Autriche, l'âge d'admission dans l'atelier est fixé à douze ans; toutefois les enfants de neuf ans qui, pendant trois ans, ont suivi un enseignement religieux et fréquenté les écoles, peuvent être admis au travail de l'atelier pendant un temps limité à dix heures par jour. Ce maximum est de douze heures pour les enfants de douze à seize ans. Jusqu'a ce dernier âge, le travail de nuit est absolument interdit. Dans le grand duché d Bade, où fonctionne aussi le système de l'instruction obligatoire, l'ordonnance du 4 mars 1840 ne semble avoir été faite que pour le travail des fabriques et manufactures, laissant ainsi à l'écart la petite industrie : elle stipule que les enfants ne peuvent entrer à l'atelier avant onze ans révolus, ni travailler plus de douze heures par jour, y compris le temps passé dans l'école de la fabrique. La loi bavaroise du 15 janvier 1840 fixe pour l'admission dans l'atelier l'âge de neuf ans, et pour la durée du travail quotidien, de neuf à douze ans, dix heures. Enfin, dans le Massachusetts, un enfant au dessous de quinze ans ne peut être occupé dans une manufacture, à moins qu'il n'ait fréquenté une école publique ou privée au moins pendant trois mois durant l'année qui précède son admission et durant chacune des années où il continuera à être employé de la même manière.

<h2 style="text-align:center">IX</h2>

Témoins des efforts que l'on faisait dans d'autres pays pour améliorer la condition des jeunes travailleurs, les hommes d'état de la Belgique comprirent qu'ils ne pouvaient pas rester étrangers à ce mouvement généreux. C'est à M. J.-B. Nothomb que revient l'honneur de s'y être associé le premier. Un arrêté royal du 7 septembre 1843, contresigné par lui en qualité de ministre de l'intérieur, institua près ce département une commission spéciale chargée de préparer un projet de loi sur le travail des enfants et la police des ateliers, et de donner son avis sur les questions qui lui seraient soumises. MM. de Sauvage, président de chambre à la Cour de cassation; Alvin, chef de la division de l'instruction publique au département de l'intérieur; Ducpetiaux, inspecteur général des prisons et des établissements de bienfaisance; Ed. Romberg, chef de la division de l'industrie au département de l'intérieur; Putseys, chef de division au ministère de la justice; Sauveur, secrétaire de l'Académie de médecine, et Aug. Visschers, directeur de l'administration des mines au département des travaux publics, furent nommés membres de cette commission.

Ils se mirent immédiatement à l'œuvre. Après avoir réglé les travaux préliminaires d'une enquête aussi importante que celle-là, ils adressèrent diverses séries de questions aux chefs d'industrie, aux chambres de commerce, aux ingénieurs des mines, aux commissions médicales provinciales, aux sociétés de médecine et aux conseils de salubrité. Les informations recueillies à ces différentes sources furent loin de présenter le même caractère d'exactitude : ainsi, les renseignements obtenus des industriels furent généralement assez incomplets, surtout en ce qui concernait le nombre des enfants employés aux travaux des manufactures. Toutefois, malgré le peu de précision des indications fournies, la commission crut pouvoir en conclure: 1° que le nombre des *jeunes* enfants attachés aux divers établissements industriels était beaucoup moins considérable qu'on ne le supposait; 2° que le salaire payé à ces enfants, étant très exigu, ne pouvait venir que faiblement en aide aux besoins de leurs familles; 3° que la durée du travail des jeunes ouvriers était généralement la même que celle des adultes, et 4° que leur instruction était très négligée et même à peu près nulle dans un grand nombre de localités.

De grandes divergences d'opinion se manifestèrent d'ailleurs, il est à peine besoin de le dire, entre les industriels consultés quant à l'efficacité d'une mesure ayant pour résultat de limiter la durée du travail des enfants. La fixation d'un *maximum* de durée pour le travail quotidien souleva surtout les réclamations les plus vives. Pour les chambres de commerce, quatorze seulement répondirent à l'appel de la commission; les unes, celle de Bruxelles en tête, se déclarèrent hostiles au principe du projet de loi; les autres lui accordèrent un énergique appui. Les réponses des ingénieurs des mines, marquées au coin des nécessités de la pratique, furent unanimement d'avis de tolérer le travail de nuit, quel que soit l'âge des ouvriers. Quant à l'âge d'admission des enfants aux travaux des mines, la plupart des ingénieurs consultés proposèrent de le fixer à l'expiration de la douzième année. Enfin, les sociétés médicales et les conseils de salubrité, n'ayant naturellement à s'occuper que du côté hygiénique de la question, se bornèrent assez généralement, dans leurs rapports, à faire ressortir les inconvénients du travail prématuré des enfants au triple point de vue de la santé, de l'instruction et de la moralité. Quelques-uns de ces rapports cependant envisagèrent la question sous ses aspects les plus larges et avec des vues vraiment philosophiques : il faut particulièrement signaler à ce titre les rapports de l'Académie royale de médecine, de la commission médicale du Brabant, de la commission médicale de Liége, et surtout du conseil central de salubrité publique de Bruxelles, qui témoignent d'une profonde étude de la condition des classes ouvrières et d'un vif amour de l'humanité.

Mise en possession de ces précieux documents, la commission aborda le travail qui lui était réservé, en se proposant de concilier autant que possible les exigences de l'industrie avec l'intérêt de l'éducation du jeune travailleur. « L'industrie est libre, disait-elle dans son rapport, mais « nul ne prétendra sans doute que cette liberté n'ait pas de « limites. Tout en respectant les droits des chefs d'industrie et ceux des ouvriers, la société a cependant le devoir « d'intervenir chaque fois que les intérêts des uns ou des « autres peuvent se trouver compromis. Cette intervention, « loin de porter atteinte à la liberté, lui sert au contraire « d'auxiliaire et de garantie; elle tend uniquement à maintenir ou à rétablir l'équilibre nécessaire entre les droits « et les devoirs, à préserver le principe d'ordre, sans lequel « il ne peut y avoir de véritable liberté. La société, en un « mot, doit veiller incessamment à l'amélioration physique, « morale et intellectuelle de ses membres; cette obligation « résulte de son essence même, et elle ne pourrait la méconnaître sans dévier du but de son institution. »

De ces prémisses, sur lesquelles tout le monde est d'accord, la commission tira les conclusions que nous allons résumer. Le 24 août 1848, elle fit parvenir au ministre de l'intérieur, en même temps qu'un volumineux rapport aux mérites duquel il faut rendre un sincère hommage, un projet de loi dont voici les dispositions principales. L'article 3 imposait à tout chef d'établissement à moteur mécanique ou à feu continu occupant plus de vingt ouvriers réunis en atelier, à tenir un registre d'inscription de leurs ouvriers; ceux de ces ouvriers, de l'un ou de l'autre sexe, âgés de plus de dix-huit ans, ne pouvaient, aux termes de l'article 4, être occupés plus de douze heures et demie sur vingt-quatre, non compris les moments de repos. Le projet réglementait donc par là le travail des adultes.

Quant aux enfants, l'article 5 portait que tous ceux âgés de moins de dix ans ne pourraient être admis comme ouvriers, apprentis, où sous quelque dénomination que ce fût, dans une manufacture, un atelier, une usine, ou dans tout autre établissement industriel. De dix à quatorze ans accomplis, la durée de leur travail quotidien ne pouvait être que de six heures et demie par vingt-quatre heures, dans la pensée des auteurs du projet; ce travail devait avoir lieu d'une manière continue, afin de permettre aux jeunes ouvriers de fréquenter les écoles primaires pendant une moitié de la journée. Les chefs d'industrie avaient charge de se faire remettre par les enfants des certificats attestant leur présence régulière dans une école publique ou privée; aucun enfant de quatorze à dix-huit ans ne pouvait être admis s'il ne remplissait exactement cette condition. De quatorze à dix-huit ans accomplis, les jeunes ouvriers ne pouvaient être employés plus de dix heures et demie par vingt-quatre heures; le travail devait, en tout cas, être terminé de manière à leur permettre de fréquenter le soir les écoles d'adultes.

L'article 8 du projet portait interdiction du travail des dimanches et des jours de fête jusqu'à l'âge de dix-huit ans accomplis. Par l'article 9, tout travail de nuit, entre huit heures du soir et cinq heures du matin, était interdit aux ouvriers âgés de moins de dix-huit ans. L'article 12 autorisait les députations permanentes à permettre, sur le rapport des inspecteurs, des dérogations aux dispositions qui précèdent; à interdire l'admission, dans les établissements dangereux ou insalubres, d'ouvriers âgés de moins de dix-huit ans. Le gouvernement était, de son côté, chargé par l'article 13, d'assurer la police des ateliers, sous le rapport de la sûreté, de la salubrité, de l'ordre et des mœurs; de prohiber le paiement des salaires en nature ou dans les cabarets et autres lieux publics; de favoriser l'instruction civile et religieuse des jeunes ouvriers, etc.

Le travail des mines était réglé par le chapitre II du projet, dont les dispositions principales interdisaient aux femmes de prendre part à ce travail, fixaient à douze ans accomplis l'âge d'admission dans les mines des enfants du sexe masculin, limitaient à huit heures par jour la durée du travail de ces enfants jusqu'à l'âge de dix-huit ans accomplis, et exceptaient les jeunes ouvriers des mines et des minières de l'interdiction du travail de nuit. Enfin, les derniers articles du projet créaient un personnel d'inspecteurs investis d'attributions assez semblables à celles de la loi anglaise, et comminaient des pénalités pécuniaires, et corporelles en cas de récidive, contre les infractions commises au régime institué par la loi.

X

Il n'est assurément pas possible de contester aux auteurs de ce plan d'organisation un ardent désir de bien faire et une connaissance approfondie de la matière soumise à leur examen : le succès, néanmoins, ne répondit pas à leur attente. A peine connu, le projet qu'ils avaient formulé fut l'objet des plus vives attaques. « Soumis à l'avis des autorités compétentes, » dit le ministre de l'intérieur dans un rapport qu'il adressa aux Chambres législatives pendant leur session de 1859-1860, « ce projet souleva beaucoup de cri- « tiques. On trouvait qu'en général, il était conçu à un point « de vue trop abstrait ; qu'il ne tenait pas assez compte des « nécessités du travail dans les usines, et qu'il était de na- « ture à troubler profondément toute l'économie intérieure « de nos manufactures. Les dispositions qui rencontrèrent « la plus vive opposition sont celles qui sont relatives à la « limitation du travail des hommes faits, à celle du travail « des jeunes ouvriers telle qu'elle est proposée, et enfin à « l'interdiction pour les femmes des travaux souterrains des « mines. »

Longtemps avant que cette appréciation sévère ne tombât de la bouche d'un ministre, on s'était remis à l'étude pour trouver une meilleure solution du problème. En 1856, le congrès de bienfaisance, réuni à Bruxelles, s'en occupa à son tour, mais, comme il n'arrive que trop souvent dans les réunions de ce genre, on n'y vit surgir aucune idée nouvelle. Le congrès se contenta de répéter tout ce que l'on avait dit avant lui, et se borna à faire des vœux pour la limitation du travail des enfants et des femmes, la fixation d'un âge d'admission, et l'interdiction du travail de nuit pour les enfants, l'exclusion des femmes des travaux souterrains des mines, et l'interdiction pour les enfants du travail des dimanches et des fêtes. Il n'y avait rien dans tout cela qui ne se trouvât déjà, beaucoup plus précis et mieux coordonné; dans le projet de 1848.

Le gouvernement fit mieux. Une circulaire adressée le 20 juillet 1859 par M. Ch. Rogier, ministre de l'intérieur, aux gouverneurs de province, leur communiqua un nouveau projet de loi dans lequel on s'était efforcé de pallier les défauts du précédent essai. L'article 1er de ce projet limitait à douze ans l'âge d'admission des enfants dans l'atelier; l'article 2 portait que les femmes, les filles de tout âge et les ouvriers de moins de dix-huit ans ne pourraient travailler plus de douze heures par jour, non compris les intervalles de repos; l'article 3 reproduisait l'interdiction de faire travailler les enfants les dimanches et jours de fête; l'article 4 autorisait les exceptions aux trois articles précédents, moyennant un arrêté royal rendu sur l'avis des chambres de commerce et des députations permanentes. Le régime de l'inspection était d'ailleurs maintenu.

Comparé au projet de 1848, celui de 1859 était évidemment un progrès. D'abord, on en avait fait disparaître la réglementation du travail des adultes, éloquemment combattue par M. De Boe, dans un rapport qu'il fit naguère à la Chambre sur une pétition du Cercle industriel et commercial de Gand. « S'il s'agissait de régler le travail des adultes au « point de vue de sa durée, » disait M. De Boe en cette circonstance, « nous serions les premiers à repousser l'introduction d'un tel principe dans notre législation. Quelque « désirable qu'il soit que le travail de l'ouvrier se restreigne « à un nombre d'heures tel qu'il ne dépasse pas ses forces; « quelque désirable qu'il soit qu'il puisse consacrer à un « exercice en plein air, à la vie de famille, à la culture de « son intelligence, des heures plus longues que celles dont « il dispose actuellement, nous pensons que le contrat qui « intervient entre le maître et l'ouvrier pour la fixation des « heures de travail ne peut être réglé par la loi, et que la « liberté doit conserver ici tout son empire. »

Ces saines idées ne furent pas les seules auxquelles se rallia le nouveau projet. On en trouve la preuve dans le soin qu'il prend de ne pas désorganiser le travail industriel, en portant à douze heures la durée du travail quotidien des femmes et des enfants âgés de moins de dix-huit ans accomplis. Il n'est pas d'ailleurs sans intérêt de remarquer la défiance que le législateur lui-même témoigne pour son œuvre, en autorisant, nous allions presque dire en encourageant, les dérogations, sous le couvert d'un arrêté royal. Nous aurons l'occasion de revenir sur ce sentiment pour ainsi dire instinctif de défiance, et peut-être réussirons-nous à en expliquer la cause.

Quoi qu'il en soit, le projet fut encore une fois envoyé à l'avis des chambres de commerce, qui se montrèrent aussi divisées qu'elles l'avaient été en 1843. L'instruction, faite avec un soin minutieux et impartial, fut enfin soumise à l'examen du conseil supérieur d'industrie et de commerce, qui en fit l'objet d'une discussion approfondie dans la séance du 14 mars 1860.

Ici encore, les opinions se partagèrent, et montrèrent, par leur diversité, les difficultés et l'étendue de la tâche qu'il s'agissait d'entreprendre. Rien ne le prouva mieux que la proposition faite au conseil par M. Charles Sainctelette, secrétaire de la chambre de commerce de Mons : sans combattre absolument les principes du projet de loi, M. Sainctelette émit l'avis qu'il était impossible, en une pareille question, d'arriver à une solution générale. « On ne peut « pas, disait-il, soumettre toute l'industrie à des règles fixes et invariables; ici, comme en toutes choses, il faut tenir compte de l'infinie variété du travail industriel. » En conséquence, M. Sainctelette se prononça pour un système d'après lequel chaque groupe d'industries aurait sa législation spéciale. Cette proposition, évidemment inspirée par un ressouvenir de la loi anglaise, ne fut pas adoptée par le conseil supérieur d'industrie et de commerce qui, après de longs débats, prit les résolutions suivantes :

Il y a lieu de régler par un loi générale le travail de certains ouvriers.

Il n'y a pas lieu d'indiquer dans cette loi les industries auxquelles elle serait applicable en tout ou en partie.

Il y a lieu d'abandonner l'indication de ces industries à des arrêtés royaux.

Il convient de fixer à douze ans l'âge d'admission des enfants dans les ateliers ou les manufactures.

La limite de douze heures, pour la durée quotidienne du travail, doit être admise pour les ouvriers, garçons ou filles, ayant moins de dix-huit ans; elle doit être rejetée pour les femmes au delà de cet âge.

Nous sommes arrivés au terme de ce long exposé, à peine suffisant encore pour donner une idée exacte des législations étrangères et de nos propres essais. Il nous reste à reprendre, après tant de bons esprits, la discussion des faits et des principes; nous le ferons sans nous bercer de l'espoir d'arriver à une solution parfaite, mais parce qu'en de tels travaux, il y a toujours quelque avantage pour les ouvriers de la dernière heure, et qu'il n'est d'ailleurs si petite pierre qui n'aide à consolider l'édifice.

XI

Pour peu que l'on regarde au fond des faits résumés dans les pages qui précèdent, on en voit se dégager très clairement l'indication des causes auxquelles il faut surtout attribuer les tâtonnements et les insuccès dont nous avons retracé l'histoire abrégée. Parmi ces causes, il en est deux principales : l'inspection et la fixation d'un maximum de durée pour le travail quotidien des enfants admis dans la manufacture. On peut en croire une expérience de soixante années : toutes les difficultés de la matière remontent à cette double origine. Sur tous les autres points, on arriverait assez aisément à amener une transaction raisonnable entre les divers intérêts en présence ; il n'en est pas de même ici. D'où viennent ces résistances, et réussira-t-on jamais à les vaincre sans encourir à un titre quelconque le reproche d'arbitraire? C'est ce que nous allons examiner.

L'organisation de l'inspection des ateliers et des manufactures varie, comme on l'a vu, selon les pays. Telle qu'elle est constituée dans les diverses législations européennes, on peut la ramener à trois types : l'inspection faite à titre gratuit et honorifique soit par des fabricants, soit par des personnes étrangères à l'industrie : — c'est le système français; l'inspection exercée par un personnel administratif spécial et rétribué : — c'est le système anglais; l'inspection confiée aux bourgmestres, aux agents de la police locale et aux instituteurs communaux : — c'est le système prussien. Les deux projets de lois préparés en Belgique sur la matière ne se sont pas expliqués sur la question de la gratuité ou de la non gratuité de l'inspection; mais l'exposé des motifs de la commission de 1843 se range franchement au système de l'Angleterre.

Pour ce qui est de l'inspection à titre gratuit et honorifique, ce n'est pas nous qui la condamnerons : ce sera une voix plus autorisée que la nôtre. Voici ce qu'en disait M. Ducpetiaux en 1843, dans ce même rapport au ministre de l'intérieur, que nous avons déjà eu l'occasion de citer : « L'administration a eu d'abord à lutter contre l'une des « imperfections les plus flagrantes de la loi : le système « d'inspection honoraire et volontaire.... Des membres de « la commission m'ont déclaré eux-mêmes qu'ils doutaient « du succès de leur institution. Ils pourront procéder par « voie de conseil, d'avertissement : jamais ils n'auront « recours à la contrainte, et cela se comprend. Un fabricant « ne voudra pas se montrer ouvertement hostile à un autre « fabricant : il aura pour lui tous les ménagements qu'il se « croirait en droit d'exiger à son tour, s'il se trouvait dans « une position analogue à la sienne. Grâce à ce système « de tolérance que l'on ne se fait pas faute de proclamer à « l'avance, il est facile de prévoir que l'inspection volontaire, « honorifique, n'offrira aucune garantie suffisante pour la « stricte exécution de la loi. Or, privée de cette garantie, la « loi devient nécessairement une lettre morte : son mode « d'exécution peut varier à l'infini, et dépendra nécessaire- « ment du bon ou du mauvais vouloir du fabricant. »

Cet arrêt est sans appel. Après l'avoir entendu, il est impossible de songer à inscrire encore dans un projet de loi l'inspection gratuite et honorifique. Mais le système anglais vaut-il mieux? Assurément, pour ce qui est de la régularité du service, il n'y a pas la moindre comparaison à établir : les inspecteurs rétribués, gens éclairés et jaloux de bien faire, rempliront leurs fonctions avec zèle et se montreront interprètes fidèles des intentions du législateur. Cette supériorité, tout incontestable qu'elle est, n'efface pas à nos yeux le vice radical du système : l'accroissement de la bureaucratie et l'intervention des agents du pouvoir central dans une sphère où l'action de l'autorité doit se faire sentir le moins possible, même quand il s'agit de protéger de précieux intérêts. Et l'on objectera vainement que ce vice est inhérent à toute espèce d'inspection : l'argument n'est que spécieux. Il est très possible, et l'exemple d'un pays voisin l'a prouvé, d'organiser l'inspection de telle sorte qu'elle ne place pas, pour ainsi dire, l'industriel sous la coupe administrative de l'État. Songer actuellement en Belgique à multiplier les rouages de l'administration, à augmenter le nombre des coûteux états-majors de fonctionnaires qui grèvent nos budgets, à faire de la centralisation quand tout pousse au mouvement décentralisateur, c'est méconnaître l'état des mœurs, et compromettre tout d'abord l'œuvre que l'on veut entreprendre. A cet égard, les invincibles répugnances des industriels sont d'accord avec le sens droit des choses.

Les deux systèmes dont nous venons de parler ont d'ailleurs un défaut commun et radical à nos yeux : ils ne sont applicables qu'à la grande industrie. Jamais, quoi qu'on fasse, à moins de donner au personnel de l'inspection une extension formidable et, par suite, ridicule, on ne parviendra, soit avec le système anglais, soit avec le système français, à en tirer parti pour la surveillance des ateliers de la petite industrie. Or, il est certain, et tous les gens compétents en conviennent, que les abus de la grande industrie sont de beaucoup les moindres. « Le régime introduit dans « les manufactures, » disait à ce propos le rapporteur de la commission de 1843, « loin d'occasionner tous les maux « qu'on leur attribue, tend souvent au contraire à les pré- « venir. Sous ce rapport, il serait peut-être à désirer que le « nombre des grandes fabriques fût plus considérable, et « qu'il y en eût moins de petites. Les grands établissements

« sont presque toujours ceux où la santé et le bien-être de
« l'ouvrier sont le plus surveillés : et cela se conçoit faci-
« lement. Lorsqu'un chef de maison a la surintendance d'un
« grand nombre de personnes, il peut leur procurer, à peu
« de frais, des avantages trop coûteux pour le propriétaire
« d'un établissement peu considérable. »

En constatant ce fait, très exact et très intéressant à coup
sûr, la commission de 1843 faisait la critique des législations qui restreignent leur influence protectrice aux
enfants employés dans les ateliers de la grande industrie.
Pour échapper au même reproche, elle a, comme on l'a vu,
généralisé l'action de son projet de loi ; mais elle n'a pas
réfléchi à ce point essentiel, qu'une loi, si bonne qu'elle
puisse être, n'est rien sans la sanction qui la fait exécuter.
Cette sanction, c'est à l'inspection qu'il la faut demander :
or, le mode qu'elle proposait est, nous le répétons, tout à
fait inapplicable aux ateliers de la petite industrie, c'est à
dire à ceux où se commettent le plus d'abus. C'en est assez
pour prononcer la condamnation du système.

Reste le régime prussien. Dans ce pays, nous l'avons
rappelé plus haut, c'est à l'autorité communale qu'est confié
le soin de visiter fréquemment et à l'improviste les fabriques, d'y contrôler les listes des enfants occupés, de
s'assurer que les jeunes ouvriers fréquentent les écoles, ou
sont munis des certificats qui les dispensent de cette fréquentation. Entendue ainsi, l'inspection nous paraît, nous
l'avouons franchement, beaucoup plus conforme à nos
idées de liberté, à nos mœurs, à nos traditions communales.
Le bourgmestre, ou, à son défaut, le magistrat de la police
locale, est loin d'avoir aux yeux de nos populations le
caractère inquisitorial des agents de l'État. Leur intervention a quelque chose de plus familial, de plus paternel.
Le bourgmestre surtout, directement élu par ceux-là mêmes
dont il doit surveiller les actes, est d'avance investi de la

confiance de tous; sa venue dans l'atelier ou au foyer de famille n'a rien qui blesse l'industriel ou l'ouvrier : loin de là, l'un et l'autre y verraient plutôt une faveur du premier magistrat de la commune. Ce système nous paraît donc beaucoup mieux approprié que tout autre à nos idées et à nos institutions : il assurerait à la loi future une sanction efficace, ne grèverait pas le trésor public, et serait accepté avec empressement, nous osons le dire, par tous les intéressés. Le seul reproche que l'on y puisse faire, c'est de surcharger nos magistrats communaux dont les fonctions sont déjà loin d'être des sinécures ; tout en reconnaissant que cela est fondé dans une certaine mesure, il ne faut pas cependant s'exagérer cet inconvénient. Les membres du corps échevinal, les commissaires de police et les instituteurs, joignant leur soins à ceux du bourgmestre, allégeraient en effet sensiblement sa tâche.

Mais, quelque recommandable que soit ce système, on n'en obtiendrait aucun résultat utile, si on n'en combinait pas l'action avec celle de l'instruction obligatoire. C'est dans l'école que l'inspection doit se faire bien plus qu'à l'atelier : là, du moins, on retrouve tous les jeunes travailleurs, ceux de la grande et de la petite industrie, sans avoir besoin de se livrer, de maison en maison, de manufacture en manufacture, à une inquisition sans cesse renouvelée. La présence de l'enfant à l'école le garantit contre le rachitisme produit par un travail prématuré et abusif; son absence, signalée par l'instituteur, éveille aussitôt l'attention de l'autorité communale, qui agit alors dans la mesure de son droit pour assurer le respect dû à la loi. Et cette action est d'autant plus aisée, que les agents de la police locale, en contact presque continuel avec les habitants, peuvent exercer leur surveillance presque sans accroître le poids de leur tâche quotidienne.

Nous entendons l'objection d'avance : forcera-t-on les parents à envoyer leurs enfants à l'école, et ne seront-ils

point libres, s'ils le veulent, de donner eux-mêmes l'instruction aux membres de leur famille? Appliquée de cette façon,
l'instruction obligatoire serait une tyrannie contre laquelle
nous serions les premiers à protester; mais ce n'est point
en ce sens que nous voudrions la voir concourir à l'application régulière de la loi sur le travail des enfants. Les parents
seraient donc entièrement libres de leurs actions; mais, en
fait, il est certain que, le principe de l'instruction obligatoire proclamé, la presque unanimité d'entre eux enverraient
leurs enfants dans une école quelconque, soit communale,
soit privée. Ce n'est pas dans la classe ouvrière que l'on
trouvera beaucoup de pères émettant la prétention de donner
eux-mêmes l'instruction à leurs fils, et pour ce qui est de
la petite bourgeoisie, il n'y a pas lieu de se défier du désir
ardent qui la pousse sans relâche vers un progrès plus grand
que celui dont elle jouit. L'ignorance se rencontre toujours où habite la misère; quand l'aisance vient, la lumière
la suit.

Donc, rien ne serait plus aisé que d'inviter, sans blesser
en rien pour cela leur liberté, les instituteurs primaires, soit
communaux, soit privés de chaque localité, à transmettre
tous les mois à l'administration communale la liste exacte
des élèves inscrits dans leurs établissements. D'autre part,
la loi sur le travail des enfants pourrait imposer aux chefs
d'industrie, comme le faisait le projet de 1848, l'obligation
de se faire remettre par leurs jeunes ouvriers des certificats
attestant qu'ils fréquentent régulièrement une école publique
ou privée, et stipuler qu'aucun enfant âgé de moins de quatorze ans ne pourrait être admis s'il ne remplit cette condition. La comparaison de ces documents avec le relevé
des enfants en âge d'école dans la commune permettrait
immédiatement à l'autorité communale de connaître les
parents qui, n'envoyant leurs enfants ni à l'école, ni à l'atelier, pourraient se trouver à même de commettre quelque

infraction à la loi réglementant le travail. Ces cas, nous le répétons, seraient excessivement rares, et la simple surveillance de la police locale, investie du droit d'inspection, suffirait alors à réprimer et à faire cesser tout abus.

Mais, nous dira-t-on peut-être encore, si quelque instituteur, excipant de la liberté absolue de l'enseignement en Belgique, refuse de remettre à l'administration communale les listes dont elle aura besoin pour établir son contrôle, de quel droit l'y contraindrez-vous? La réponse est des plus simples : on ne l'y contraindra pas. Alors, continueront sans doute nos contradicteurs, que devient le contrôle et la sanction de votre loi? Ceci n'est plus qu'une simple question de faits : c'est donc aux faits de la résoudre. Or, voici ce qu'ils répondent : l'immense majorité des écoles primaires du pays sont actuellement soumises à l'inspection légale en vertu de la loi de 1842, et le seraient à plus forte raison sous le régime de l'instruction obligatoire : pour toutes celles-là, la remise des listes ne présentera pas l'ombre d'une difficulté. Si parmi les autres, relativement en très petit nombre, il en est qui, pour le plaisir de mal faire, se réfugient dans leur droit absolu, l'administration communale en sera quitte pour étendre la surveillance de ses agents à un plus grand nombre de petits ateliers ou de familles. La défalcation des listes qui lui auront été remises volontairement par les instituteurs de la liste générale des enfants en âge d'école, lui donnera toujours l'indication exacte d'après laquelle elle établira son contrôle.

On le voit donc : l'instruction obligatoire et la réglementation du travail des enfants se prêtent un mutuel appui ; par une combinaison toute naturelle, elles permettent de supprimer les difficultés de l'inspection, de respecter la liberté des chefs d'industrie et celle du père de famille, de protéger l'enfant contre les dangers d'un travail hâtif, de fortifier à la fois son corps et son intelligence. C'est dans cette voie, nous le disons hardiment, qu'il faudra chercher la solution de l'une des principales difficultés de la loi à venir.

La seconde difficulté capitale, beaucoup plus délicate encore à résoudre que la première, est celle-ci : convient-il de fixer un maximum de durée pour le travail quotidien des enfants, et quel doit être ce maximum? Doit-il varier avec l'âge des jeunes travailleurs? Doit-il être immuable et avoir dès lors pour conséquence immédiate de retarder dans des proportions très marquées l'heure de l'admission de l'enfant dans l'atelier?

Ici, les opinions diffèrent à l'infini : on l'a pu voir dans le résumé que nous avons fait des législations étrangères. Cette diversité s'explique d'elle-même : c'est que les intérêts engagés dans la question ne se trouvent nulle part en opposition plus flagrante que sur ce point-ci. Pour l'ouvrier qui a besoin de pain, la limitation du travail de l'enfant équivaut à une réduction de salaire; pour l'industriel dont les ateliers sont soumis à une règle uniforme sans l'observation de laquelle il n'y a pas de travail fructueux, la fixation d'heures nécessairement irrégulières, puisqu'elles sont calculées d'après la force présumée de l'enfant, est une cause constante de désordre et de perte; pour l'enfant, l'absence de toute stipulation le garantissant contre l'excès du travail peut l'exposer à tous les dangers que l'on cherche à éviter par la réforme dont nous nous occupons. Quant à la société, qui a un égal intérêt à ce que l'ouvrier vive, à ce que l'industrie prospère, à ce que l'enfant ne s'atrophie pas, elle flotte incertaine entre les solutions proposées au problème, et hésite à exercer un droit d'où peuvent sortir tant de dangers.

Ces dangers, peut-on espérer de les éviter tous, et d'échapper absolument au reproche d'arbitraire dans la transaction que l'on tentera? Nous répondons catégoriquement : non. A quelque parti que l'on s'arrête, et quelque regret que l'on éprouve à le constater, il y aura toujours des intérêts froissés : le meilleur résultat auquel on puisse prétendre, c'est qu'il y en ait le moins possible. En effet, il est certain qu'à ne tenir compte que de la théorie, la sollicitude du législateur devrait être acquise à l'enfant aussi longtemps qu'il n'est pas un homme, et que, par suite, la quotité de travail permis devrait être proportionnelle au développement des forces physiques ; mais comment faire accepter à l'industrie cette réglementation fixant à six, à huit, à dix, à douze heures par jour, selon les âges, le travail des jeunes ouvriers, et désorganisant du même coup tout le régime intérieur de l'atelier ? Car, il ne faut pas l'oublier, dans beaucoup d'industries, la besogne confiée aux enfants est intimement rattachée à celle des ouvriers adultes ; elles s'aident et se complètent l'une par l'autre : si l'on interrompt la première, on compromet nécessairement la seconde. La seule limitation d'heure qui puisse être acceptée sans inconvénients par l'industrie est celle qui correspond à l'interruption naturelle de la journée de travail ; quant aux autres, on aura beau les inscrire dans une loi, on ne parviendra point à les faire mettre sérieusement en pratique.

L'Angleterre l'a pourtant fait, dira-t-on. Elle l'a tenté du moins ; mais si l'expérience qu'elle en a faite a été fructueuse, d'où vient qu'elle a trouvé si peu d'imitateurs ? Comment, par exemple, la loi française de 1841, aux généreuses intentions de laquelle il faut rendre hommage, n'a-t-elle pas fixé au travail des enfants au dessus de l'âge de douze ans d'autre limite que celle de douze heures, ce qui équivaut à la journée ordinaire de l'ouvrier ? Comment le conseil supérieur d'industrie et de commerce de Belgique, après avoir mûrement examiné toutes les pièces d'une compendieuse enquête dont les éléments avaient été empruntés aux diverses législations sur la matière, n'a-t-il pas hésité, lui aussi, à fixer à douze heures la durée quotidienne du travail d'un enfant de douze ans? C'est que l'on avait compris de part et d'autre l'inutilité, l'impossibilité pratique de toute autre limitation, et que, tout en reconnaissant et en déplorant les abus qui peuvent, dans certains cas, résulter de l'égalité de durée dans le travail de l'enfant et dans celui de l'adulte, ils n'ont pas cru qu'il fût juste d'y chercher un remède au prix de graves perturbations jetées dans l'industrie. Et qu'on ne s'y trompe pas : le premier intéressé à la prospérité de l'industrie, c'est l'ouvrier lui-même; dans cette question à mille faces, il est bon de ne pas l'oublier.

Remarquons encore, pour ramener à sa juste valeur l'objection tirée de la loi anglaise, que cette loi est toute spéciale et ne s'applique qu'à un certain nombre d'industries déterminées. Restreinte ainsi à des établissements similaires, la limitation du travail, échelonnée d'après l'âge, peut avoir de moindres inconvénients; mais prétendre l'appliquer à toutes les variétés de la production industrielle serait commettre une faute, montrer un manque de tact dont les Anglais se sont bien gardés. C'est ce qui portait M. Charles Sainctelette à proposer, dans la discussion du conseil supérieur d'industrie et de commerce, que l'on fît une loi spéciale pour chaque groupe d'industries; mais qui voudrait sérieusement d'un tel encombrement législatif? Le mieux, en des matières si délicates, est de faire le moins de lois possible. Nous croyons qu'il en faut une; il sera déjà bien assez difficile de la faire passable; nous ne voudrions pas qu'il y en eût deux.

Il y a enfin une raison péremptoire pour que l'on n'adopte pas, dans la loi future, ce système compliqué du travail quotidien progressant avec l'âge du jeune travailleur : c'est qu'il serait matériellement impossible de faire exécuter de semblables prescriptions ailleurs que dans les ateliers de la grande industrie. Supposons, en effet, pour un instant, que, faisant abnégation non seulement de leurs intérêts, mais aussi de ceux de la classe laborieuse, les industriels consentent à admettre chez eux de jeunes ouvriers travaillant les uns huit, les autres dix heures par jour : on pourra bien, il est vrai, au prix d'une surveillance sans fin et sans trêve, assurer l'exécution de la loi dans les grands ateliers, toujours relativement moins nombreux ; mais qui se chargera d'atteindre ce but au foyer de l'ouvrier ou dans les ateliers de la petite industrie ? Se représente-t-on bien ce que serait une inspection pareille et à combien d'abus, autrement graves encore que ceux que l'on voudrait réprimer, elle donnerait naissance ? Chaque jour, à chaque heure, l'autorité devrait intervenir dans mille habitations à la fois pour tenter de réprimer des délits insaisissables et sans cesse renaissants. Qui voudrait parmi nous d'une pareille tyrannie ? Et pourtant, nous ne pouvons pas nous lasser de le répéter, ce n'est pas de la grande industrie qu'il faut se défier, loin de là ; on pourrait s'y passer d'inspection bien plus aisément que dans les ateliers de famille, où les tentations de la misère poussent sans cesse à l'exagération du travail de l'enfant. Or, c'est précisément dans ces derniers que l'application des règles déterminant la durée progressive de ce travail deviendrait une impossibilité matérielle. Il faut donc y renoncer.

Seules, les limites d'heures qui coïncident avec les interruptions naturelles de la journée de travail peuvent être acceptées en pratique, si l'on veut faire une œuvre sérieuse et durable. Il s'ensuit que l'enfant doit être arrêté au seuil de l'atelier aussi longtemps qu'il n'est pas doué des forces suffisantes pour accomplir sa tâche. Ainsi le voudrait du moins la logique, mais ici surgit un intérêt nouveau, et avec lui une nouvelle difficulté. Nous ferons bon marché, si l'on veut, des conséquences qui s'ensuivront pour le prix de la main d'œuvre, le travail de l'enfant étant toujours beaucoup moins rétribué que celui de l'homme fait ; mais l'ouvrier père de famille, chargé d'enfants dont les besoins augmenteront avec l'âge, devra-t-il attendre que ses fils soient majeurs pour leur demander de se joindre à lui afin de supporter les charges de la communauté? Et s'il doit attendre, que fera-t-il jusque-là? Ne l'exposera-t-on pas, lui et les siens, sous le vain prétexte d'une sollicitude qu'il sera le premier à maudire, à toutes les horreurs de la misère et de la faim? Tout bien compensé, on sera, croyons-nous, amené à reconnaître qu'en voulant trop bien faire, on atteindrait un but directement opposé à celui qu'on se propose. C'est en pareil cas surtout qu'il est vrai de dire que le mieux est l'ennemi du bien, et l'on ne ferait que remplacer un danger par un autre, si, pour affranchir l'enfant de la servitude de l'atelier, on le condamnait à s'étioler dans les privations et dans l'oisiveté au coin du foyer paternel.

On ne peut donc pas songer à retarder l'admission de l'enfant dans l'atelier jusqu'à l'âge où ses forces physiques ont atteint leur développement complet. Une semblable mesure serait par trop désastreuse pour la classe ouvrière. Et pourtant, si on ne l'adopte pas, c'est au préjudice de l'enfant que s'accomplit la transaction entre les intérêts engagés dans le débat. Quelque désolante que soit cette tyrannie des faits, on espérerait en vain y échapper complétement, mais du moins est-il possible d'en atténuer beaucoup les fâcheux résultats. Nous l'essaierons en précisant dans une dernière étude les idées que nous voudrions voir adopter, non pas assurément que nous les croyions parfaites, puisque nous venons d'en indiquer nous-même le côté faible, mais parce qu'elles nous semblent donner satisfaction, dans la mesure du possible, aux aspirations généreuses qui veulent assurer le développement physique et moral de l'enfance, et aux légitimes exigences de l'industrie, mère nourricière de l'ouvrier.

XII

« C'est généralement de huit à dix ans, » disait naguère le savant rapporteur du conseil central de salubrité publique de Bruxelles, « que les enfants se développent le plus, qu'ils « acquièrent de la force et que leur constitution devient plus « robuste. C'est indiquer assez que ce dernier âge, celui de « dix ans, est le seul, selon nous, auquel on puisse com- « mencer à permettre quelques travaux légers aux enfants. « A cet âge, l'enfant a déjà quelque force, son intelligence « est plus ou moins ouverte, il a eu plusieurs années pour « fréquenter les écoles et s'initier aux premières connais- « sances indispensables; on a pu s'occuper de son éducation « morale, lui inculquer des principes religieux; souvent « même il a fait sa première communion : cet âge nous « paraît, par conséquent, le plus favorable pour débuter « dans la carrière industrielle. Que l'accès des ateliers « soit donc permis aux enfants ayant atteint leur dixième « année, mais qu'ils n'y entrent pas sans restriction, que la « protection du gouvernement les y suive et stipule des con- « ditions de travail. »

Nous acceptons complétement ces prémisses. Selon nous, l'intérêt de l'enfant exige que son admission dans l'atelier ne soit pas autorisée avant la dixième année révolue. Jusque-là, en effet, il doit appartenir à l'école, et ce n'est pas trop de ces quelques années pour assurer à son esprit et à son corps le développement qu'ils doivent avoir. On n'en a pas pensé de même dans plusieurs autres pays; les uns, comme l'Angleterre, l'Autriche, la Bavière et la Prusse, admettent l'enfant au travail dès l'âge de neuf ans; les autres, comme la France, ont encore abaissé d'une année cette limite; et, d'autre part, on a vu chez nous le projet de loi de 1850, ainsi que le conseil supérieur d'industrie et de commerce, proposer d'interdire absolument à l'enfant l'entrée de l'atelier jusqu'à l'âge de douze ans révolus. Nous voulons dire tout d'abord pourquoi nous ne nous rangeons pas à ces divers systèmes; cela rendra plus facile la défense du nôtre.

En reculant jusqu'à douze ans la limite d'admission, on augmente dans une proportion très considérable les difficultés pratiques de la loi, d'une part, au point de vue de l'ouvrier chef de famille, de l'autre, à celui de l'enfant lui-même. Avant dix ans, en effet, le préjudice causé à la famille par l'interdiction du travail des enfants est relativement peu considérable : il n'en est plus de même pour la période de dix à douze ans; les données statistiques qui suivent permettront d'en juger. La dernière enquête faite à Gand à établi que sur 5,817 ouvriers de l'industrie cotonnière appartenant à vingt-quatre manufactures, 4 avaient atteint l'âge de sept ans; 14 en avaient huit; 29, neuf; 56, dix; 126, onze, et 183, douze. Dans l'industrie linière, sur 4,800 ouvriers appartenant à quinze établissements, aucun n'avait moins de sept ans; 1 en avait huit; 1, neuf; 26, dix; 57, onze, et 134, douze. Dans l'enquête faite en 1844 par la chambre de commerce de Bruxelles et qui ne s'est malheureusement étendue, comme nous l'avons dit, qu'à un nombre d'établissements très restreint, il a été acquis que sur 1,345 ouvriers employés dans des fabriques de rubans, de tulles, d'indiennes, d'impressions sur soie, de papiers peints, etc., 26 seulement avaient moins de neuf ans, tandis que de neuf à douze ans, le nombre était de 143. Et encore faut-il dire que la moyenne établie d'après ces chiffres serait de beaucoup inférieure à la vérité, car s'il eût été possible de relever des statistiques exactes pour le travail des filles, et en particulier pour celui des jeunes dentellières, elles eussent donné des résultats bien autrement significatifs. Mais les ouvrières de cette catégorie travaillant,

pour le plus grand nombre du moins, à domicile, on n'a
pu réunir des éléments d'appréciation suffisants pour établir
l'échelle progressive des âges; ce qui, soit dit en passant,
prouve encore combien la mise en pratique de la loi serait
difficile dans les ateliers de la petite industrie, si l'on allait
trop loin dans la voie de la réglementation. De plus, il ne
faut pas oublier que la moyenne du salaire croît avec l'âge :
de huit à dix ans, elle ne dépasse guère vingt centimes,
tandis que, de dix à douze, elle est de trente cinq à qua-
rante. Le préjudice infligé à la classe laborieuse augmente
dans la même proportion, et c'est là une considération dont
il n'est pas inutile sans doute de tenir compte.

Mais celles qui regardent l'enfant lui-même ont encore
beaucoup plus d'importance. Supposons un instant le travail interdit à l'enfant jusqu'à douze ans révolus, comme le
propose le conseil supérieur d'industrie et de commerce :
qu'en fera-t-on jusque-là? Il fréquentera l'école, nous dira-t-on;
mais si, comme nous l'espérons bien, l'instruction obligatoire arrive à s'inscrire dans nos lois, l'enfant doué d'une
intelligence ordinaire et placé dans des conditions normales saura lire, écrire et compter longtemps avant l'expiration de la douzième année. Or, c'est là tout ce que la
société peut exiger de lui; son droit ne va pas plus loin :
elle ne peut pas, sans porter à la liberté une atteinte injusti-
fiable, contraindre des enfants qui, à dix ans, auront épuisé
le programme de l'instruction obligatoire, à fréquenter les
écoles jusqu'à douze. Voilà donc ces enfants qui, pendant
deux années, ne pourront ni être astreints à aucune obligation d'école, ni être admis dans aucun atelier. Qu'en ré-
sultera-t-il? C'est que, si la surveillance de l'autorité inspec-
trice s'exerce avec rigueur, ils seront condamnés à une
oisiveté physique et morale dont ils contracteront bientôt la
funeste habitude; et que si, au contraire, la surveillance
est relâchée, la prescription légale ne sera qu'une lettre

morte, surtout dans les ateliers de famille et dans ceux de la petite industrie.

On évite ces inconvénients en autorisant le travail de l'enfant à partir de la dixième année. C'est l'âge, en effet, auquel se terminent, pour le plus grand nombre, l'éducation de l'école primaire. Les forces physiques sont d'ailleurs assez développées pour permettre, pour rendre désirable même une certaine somme de fatigue corporelle. La quotité du travail à permettre est, pour ainsi dire, indiquée par les convenances naturelles de l'industrie : l'enfant de dix à douze ans travaillera six heures par jour, un demi-jour régulier. Si son éducation primaire n'est pas encore complète, il passera l'autre demi-journée à l'école, où sa présence sera attestée par la liste de l'instituteur; si, au contraire, cette éducation est terminée, il trouvera dans le travail de l'atelier un préservatif contre les suggestions de l'oisiveté, à laquelle, sans cela, il serait abandonné tout entier. Ici encore, nous pouvons invoquer l'autorité du rapporteur du conseil de salubrité publique de Bruxelles : « Si l'enfant ne peut être occupé que six heures dans les « ateliers, soit la moitié d'une journée, » dit M. le docteur Dieudonné, « il lui restera l'autre moitié qu'il consacrera « utilement, partie au développement de son intelligence et « à son éducation, partie au développement de son corps « par des exercices et des jeux en plein air. Cette disposition « satisfait en outre aux exigences de l'industrie : elle « n'entrave en rien le travail des ouvriers adultes; elle laisse, « au contraire, à la disposition de ceux-ci, et pendant toute « la durée du travail, les enfants dont ils ont besoin comme « aides. » Cette idée d'organiser le travail des jeunes ouvriers par brigades se relayant de demi-jour nous paraît en effet très ingénieuse et très pratique, en ce qu'elle ne dérange nullement le régime des ateliers et qu'elle concilie les divers intérêts en présence. Dès 1844, elle avait été recommandée par M. Ducpetiaux, qui en avait pu étudier les avantages en Angleterre, et nous l'avons retrouvée, comme on sait, dans le projet de loi élaboré en 1848.

Mais si nous nous ralliions en ce point aux idées émises par le conseil central de salubrité publique, il nous est impossible d'en faire autant pour ce qui concerne son désir de voir interdire l'accès de l'atelier aux enfants de dix ans « qui sont d'une constitution faible et chétive, ou qui sont « atteints d'affections strumeuses graves. » A ce degré, l'intervention du pouvoir social serait réellement intolérable, et n'amènerait que des difficultés et des vexations sans nombre. Ce sont là des questions d'application pour lesquelles on peut s'en rapporter sans crainte à l'affection des parents et à l'humanité des industriels; il se pourra toutefois, nous le reconnaissons que dans certains cas cette légitime espérance soit deçue, mais les abus qui en résulteront, quelque regrettables qu'ils puissent être, seront bien moins graves et surtout bien moins nombreux que ceux auxquels on s'exposerait par une réglementation excessive.

Nous ne pouvons pas admettre non plus qu'il faille maintenir jusqu'à l'âge de quinze ans la limite de six heures de travail quotidien. Le dommage qu'en éprouverait l'ouvrier chargé de famille serait trop considérable pour qu'on songe à le lui infliger; l'enfant lui-même y trouverait un notable préjudice. Sans parler des privations auxquelles il pourrait être exposé par suite de la disproportion entre les charges et le salaire du chef de famille, cette perte quotidienne d'un demi-jour pendant cinq années, de dix à quinze ans, le conduirait tout droit à l'insubordination et au vagabondage, précurseurs du plus triste avenir. Il faut calculer, en effet, qu'à dix ans, comme nous l'avons dit, l'éducation primaire sera terminée; de dix à douze, on peut admettre encore la division de la journée en deux parts égales, l'une pour le travail, l'autre pour l'instruction complémentaire ou les exercices corporels ; mais passé douze ans, le danger que vous venons d'indiquer est des plus à craindre, et balance sérieusement, dans l'intérêt de l'enfant même, les considérations d'humanité qui pourraient faire désirer que l'on retardât encore davantage son admission régulière dans l'atelier. Et, qu'on veuille bien le remarquer, ce qui rend ce danger plus réel encore, c'est que pour les enfants de douze ans dont l'éducation primaire est finie, l'école n'offre plus de moyen de contrôle. Ce précieux élément de surveillance fait absolument défaut à l'autorité qui, réduite à elle-même, sera impuissante à réprimer les infractions commises de toutes parts.

On peut dire encore qu'à douze ans, les forces corporelles de l'enfant se sont développées dans des proportions très sensibles, et que les mesures incessamment prises pour améliorer la condition matérielle et morale de l'ouvrier auront pour effet certain de rendre de plus en plus robuste la constitution du jeune travailleur. On peut invoquer enfin l'exemple de plusieurs autres pays, et particulièrement de la France, qui dès sa première loi sur la matière a fixé à douze heures, c'est à dire à une journée régulière, la durée du travail quotidien des enfants de douze ans. Le projet de loi préparé par M. Rogier en 1859 et les vœux formulés par le conseil supérieur d'industrie et de commerce, s'inspirant aussi, il faut bien le dire, des nécessités absolues de la pratique, se rangèrent également au même avis. Quoi qu'il en soit, nous reconnaissons franchement qu'en pareille matière il est toujours difficile de remplacer le raisonnement par l'exemple, et que là se trouve l'écueil le plus dangereux de la loi à venir. Quoi qu'on fasse et qu'on allègue, en effet, la limite de douze ans aura toujours quelque chose d'arbitraire.

Toutefois, à part les raisons que nous avons déduites

plus haut pour combattre le maintien, passé douze ans, de
la limite de six heures de travail, il est encore possible,
croyons-nous, d'atténuer d'une manière très marquée les
inconvénients de l'admission régulière de l'enfant au travail à partir de la douzième année. On y parviendrait en
divisant en deux catégories, d'après leur degré de salubrité,
les industries auxquelles le travail des enfants est nécessaire. Celles qui seraient placées dans la catégorie des établissements dangereux ou insalubres ne pourraient employer
que des enfants âgés de treize ou de quatorze ans révolus,
comme la chambre de commerce de Mons l'a proposé dans
le temps pour les jeunes ouvriers employés aux travaux
souterrains des mines. Rien ne serait plus facile que
d'établir une classification semblable, et l'on concilierait
ainsi, dans la mesure du possible, les intérêts de l'enfant,
de l'industriel et de l'ouvrier.

Nous pensons donc qu'il faut, à partir de la douzième
année, admettre l'enfant au travail régulier de douze heures
par jour. Rien ne s'oppose à ce que cette limite soit fixée
par la loi, quoique, à vrai dire, elle y soit à peu près inutile,
la durée moyenne du travail de jour pour le plus grand
nombre des industries étant de onze heures, non compris
les intervalles de repos. Il suffirait donc d'interdire le travail de nuit aux ouvriers, garçons ou filles, âgés de moins
de dix-huit ans; mais en somme, comme ce qui abonde ne
nuit pas, il n'y a aucune raison pour ne pas donner satisfaction à d'honorables scrupules en se refusant à inscrire
dans la loi future la limite de douze heures pour le travail
quotidien des enfants.

Passé dix-huit ans, il nous est impossible d'admettre, à
quelque titre que ce soit, la réglementation légale du travail.
Nous nous en référons à ce sujet aux paroles de M. De Boe,
que nous avons citées dans les pages qui précèdent.
Si fâcheux même qu'il puisse être en certains cas pour la

femme de l'ouvrier de ne pouvoir pas se consacrer aux soins de son ménage et de remplir comme elle le voudrait tous ses devoirs de mère de famille, le législateur n'a pas, selon nous, à intervenir en ces matières, où il s'exposerait à faire naître les plus dangereuses perturbations. La liberté est chose si précieuse, que nous en préférons même les inconvénients aux bienfaits problématiques d'une extension abusive des droits de l'autorité.

Telles sont les bases sur lesquelles nous voudrions voir édifier la loi future, si toutefois nos législateurs jugent à propos d'en faire une. Nous n'avons étudié que les principaux aspects de la matière, les détails n'étant plus rien dès que l'on s'est mis d'accord sur les principes. Nous ne nous dissimulons pas, répétons-le encore, les imperfections de notre plan, mais nous croyons en toute sincérité qu'elles sont inhérentes à la matière elle-même, et que l'on ne parviendra point, quoi que l'on fasse, à s'en débarrasser tout à fait. Toutes les lois qu'on a faites ou proposées pour réglementer le travail des enfants ont reconnu la nécessité de donner place, dans leur propre économie, à un article autorisant les exceptions et les dérogations aux règles qu'elles consacraient : la loi belge n'échappera certainement pas à ce sort commun. Mais elle a du moins un moyen assuré d'atteindre, aussi complétement que peut l'espérer la faiblesse humaine, le but qu'elle se proposera : ce sera de suivre les sages et éloquents conseils que donnait, dès 1844, le rapporteur du conseil central de salubrité publique de Bruxelles, M. le docteur Dieudonné, au remarquable travail duquel nous sommes heureux de rendre en terminant un sincère hommage : « Une bonne loi « sur l'instruction, disait-il, nous paraît le véritable remède, « non pas seulement aux maux que les enfants ont à souffrir « dans la petite industrie, mais encore à la plupart de ceux « que l'industrie en général fait peser sur la jeune popu- « lation ouvrière ; une bonne loi sur l'instruction peut à elle

« seule prévenir la plupart des abus et faire un bien im-
« mense. Ainsi, pour protéger efficacement les enfants oc-
« cupés dans la petite industrie, il n'est pas de meilleur et
« de plus simple moyen que d'obliger les parents à faire
« instruire leurs enfants; en adoptant le système de l'in-
« struction obligatoire, on laisse peu de prise à la fraude
« et l'on s'assure des moyens suffisants de contrôle.... Une
« loi qui rendrait l'instruction obligatoire est par consé-
« quent une loi désirable sous tous les rapports; c'est une
« loi nécessaire, urgente, et nous l'appelons de tous nos
« vœux. »

Ces pages étaient écrites lorsque s'est ouverte à la Chambre
des représentants la discussion soulevée par une pétition de
plusieurs industriels de Marchienne-au-Pont demandant à
la législature de régler par des dispositions précises le travail des enfants dans les manufactures. M. le ministre de
l'intérieur, à l'avis de qui la Chambre avait renvoyé la pétition, s'est, dès le début de cette discussion, placé sur un ter-
rain excellent et facile à défendre : tout en promettant de
ne pas perdre de vue la question soulevée et de la soumettre
à la législature dès qu'il croira pouvoir la résoudre d'une
manière efficace, il a vanté, avec infiniment de raison d'ailleurs, les bienfaits du travail libre, et il a fait observer que
la liberté a produit chez nous en toutes choses plus de bien
que de mal.

A nos yeux aussi, la liberté est un bien trop précieux
pour que nous ne soyons point théoriquement d'accord avec
le ministre. On a pu le voir, ce n'est qu'à regret et en par-
tant de cette idée que la Belgique juge à propos d'ajouter
quelque jour à ses codes une loi sur le travail des enfants,

que nous avons accepté au nom de l'intérêt de l'enfant et de la société, certaines atteintes portées au principe ; encore avons-nous pris à tâche de la réduire aux strictes exigences de la nécessité. Nous ne nous sommes pas même fait illusion sur les inconvénients du système que nous avons préconisé; il ne nous en coûte donc pas de reconnaître qu'il est bien plus irréprochable, en principe, de ne pas entrer dans la voie de la réglementation, et d'attendre tout du temps et de l'amélioration des mœurs publiques.

Mais ce n'est pas là résoudre la question : c'est l'écarter. A envisager toutes choses du même point de vue, il n'est pas de problème social, si ardu qu'il puisse être, dont il ne soit aisé de se débarrasser sur le champ : il suffit pour cela de s'en rapporter à la marche non interrompue du progrès et de ne pas être pressé pour l'échéance. Oui, nous en sommes convaincu, un jour viendra où la puissance sociale n'aura plus besoin d'intervenir dans la lutte des intérêts privés et pourra s'en rapporter aux notions de morale et de justice désormais familières à tous les hommes; mais quand viendra-t-il, ce jour que nous appelons de tous nos vœux? Et, en attendant qu'il arrive, n'avons-nous qu'à nous croiser les bras et à laisser la génération présente en proie aux maux dont elle se plaint? Législateur, nous n'oserions pas assumer une telle responsabilité; théoricien, nous comprenons que l'on préfère à tous les autres les inconvénients de la liberté, quoiqu'ils soient, dans la question présente, d'une nature purement abstraite et morale, et que les premiers n'aient malheureusement que trop de réalité.

Nous joignons donc bien volontiers nos espérances à celles des économistes qui croient à la possibilité de sortir d'embarras sans qu'il faille donner la moindre entorse à nos principes de liberté et en s'en rapportant à la force naturelle des choses. Seulement, nous ferons observer encore en terminant que s'il est possible de s'attendre, dans un délai indéterminé, à cette heureuse amélioration dans les grandes industries, il n'en est pas de même pour les ateliers de la petite industrie et pour le travail de famille, où se commettent, de l'aveu commun, les plus graves abus. Tout en gardant à la liberté la foi que nous n'avons jamais cessé d'avoir en elle, il nous paraît donc bien à craindre, si c'est d'elle seule que l'on attend tout remède, que les fils de nos travailleurs ne soient condamnés, pendant de bien longues années encore, aux souffrances qu'ils endurent aujourd'hui.

FIN.